바닷가 언덕에서 길 묻다

시인의 말

이 세상 만물은 모두 꿈을 꾸며
살아갑니다
여기 실린 시들도 내 꿈의 표현
나는 이런 꿈을 꾸었노라,
독자들에게 선보이는 것입니다.
나의 꿈과 독자들의 꿈이 만나서
공감한다면
가없는 보람으로 여기겠습니다.

차례

* 시인의 말

1부

꽃마리 마음 14
풍도 꿩의바람꽃 15
코리아케톱스화성엔시스 17
언어의 집 18
부엉이 증언 19
불새의 추억 21
드라마작가와 나 22
풍장 24
빈집 25
저 바람에게 길 묻다 27

복어알 파세요	28
저세상 갈 때	29
누에고치 되기	30
예단포 바람의 언덕	31
시와 화살	32
비와 눈물	33
우리는 우리다	34
깨달음	35
한때의 바람	36
오사카성 까마귀	37

2부

목숨　40
빛 속에 내가 있다　41
도톤보리　42
바닷가 언덕에서　43
생사의 순간　48
은적사　49
인간의 비애　50
이날 광화문　51
신의 침묵　52
협죽도 바람 소리인가　53

우리 몸은 피아노 54

나를 찾아서 55

구도의 길 56

시리아의 개 57

연민을 위하여 58

백점얼룩상어 59

식탁에서 불꽃 먹기 60

그 사막에 가면 61

둥글게 살아라 62

아야소피아 성당 63

3부

우주와 일체다 66
꼬마물떼새 67
초원에 별들이 68
문학병 69
공공의 적 70
눈 쌓인 밤 풍경 71
힘들지 않겠느냐 72
36.5도 73
시의 근원 74
산승과 새 76

이 본능 어찌할까　77
뛰어난 미술가　78
우주와 벗하다　79
식물의 전략　80
낙화　81
절대의 불이문　82
지록위마　83
꽃놀이패　84
참회록 앞에서　85
악몽일까?　86

4부

정적 그리고 파적   90
벌새   91
안드로메다은하   92
바우어새   94
코로나 사회   96
고라니 전쟁   97
창백한 푸른 점   98
조르다노 부르노   99
대보름날   100
엉덩이춤   101

억울한가　102
제왕나비　103
복제 인간　104
침묵하는 슬픔　105
야옹이　106
노을 앞에서　107
누가 너를 묶었느냐　109
갈대가 전한 말　110
천수천안관세음　111
해설|시의 근원을 찾아서 가는 힘든 여정　112

제1부

햇빛은 너에게 혼魂 불어넣고
바람은 너를 흔들어 깨우고
달빛은 곱게 씻겨주고
별빛이 지나간 세월 이야기 들려주었지

꽃마리 마음

담벼락 밑에 꽃마리
연초록 이파리
안테나처럼 살며시 펼쳐서
햇빛 떨어지는 각도
바람의 방향
기온의 변화 세밀히
감지하고 있다
꽃마리 마음 넌지시 헤아려 보니
꽃차례 쑤-욱 내밀어 볼까
조금 더 기다려 볼까
삼월이면 제비가 온다는데
오는 봄이 더디다

풍도 꿩의바람꽃

바람의 신이여, 어찌하여
아네모네를 사랑하셨나요
금지된 사랑

당신 때문에 아네모네가 겪어야 할
시련을 모르셨나요

당신의 연인 플로라의 질투로 쫓겨난
아네모네를 찾아 헤매다
어느 황량한 언덕에서 떨고 있는`
아네모네를 발견하고 덥석 껴안은
바람의 신이여

당신의 불같은 사랑의 업보로
플로라의 저주로 한 송이 꽃이 되어버린
꿩의바람꽃
그 가엾은 바람꽃 분신이
여기 풍도라는 섬 야산 기슭 바람골에서

아직 싸늘하게 매운 바닷바람 맞으며

떨고 있어요
애련한 꿩의바람꽃

코리아케라톱스화성엔시스

케라톱스, 뿔이 있는 공룡
1억2천만 년 전 이 땅 지배하다 사라진
넌, 어떻게 장구한 세월 지냈는가
지진, 화산 폭발 암석과 함께 굳어진 후
인고의 긴 세월 지나며
천지개벽하는 천둥 번개가 쏟아지고
지각이 뒤틀리는 상전벽해 수백 번
세상에 다시 모습 드러낼 때
햇빛은 너에게 혼魂 불어넣고
바람이 너를 흔들어 깨우고
달빛은 곱게 씻겨주고
별빛이 지나간 세월 이야기 들려주었지
다시 또 깊은 잠에 빠져들었다가
긴 세월 유랑하다가
화성시 전곡항 방파제에 누워 재탄생 꿈꾸던 너
천우신조天佑神助로 한 현자를 만나
영혼 불멸 구원을 받았구나
재탄생 기념으로 너에게 이름 하나 지어 주었구나
불후의 이름 코리아케라톱스화성엔시스*

* 화성 뿔 공룡화석

언어의 집

나는 언어의 집에 산다
백토 위 검은 벽돌로 지은 작은 공간
별처럼 반짝이는 언어 깎고 배치해
상징을 만드는 서툰 건축가
아침 눈뜨면 집이 잘 지어졌나
더듬어 본다. 아침 식사 후
다시 언어를 하나씩 골라내어
집 짓기 작업 시작
간단한 점심 찍은 후 바람 쐴 겸 해서
한 시간여 산책길에 나선다
돌아오면 곧바로
다시 언어의 쓰임새 골라 집짓기 작업 몰두
한참 집을 짓다 돌아보면
나는 이미 언어의 집 속에 갇혀 있다
완벽함 향해 허물고 깨부수고 또 고치게 된다
언어의 집에는 가끔 외로움이 엿보지만
그건 내가 스스로 선택한 산고産苦와 출산 기쁨
가끔 창문 너머 파란 하늘이 보이고
구름이 흘러가고
언뜻언뜻 나뭇가지 흔들린다

부엉이 증언

원고 소나무
피고 인간종족

부엉이야, 증언하라
이 터가 너의 것임을 증언하라
너의 선조로부터 대대로 물려받은 터임을
송산지구 매립공사 진행될 때
바닷길 끊기고, 산등성이 깎이고, 헐리고
이제 마지막 남은 절벽이 너의 은신처
그 은신처에서 50보 가까운 거리
거대한 괴물 같은 아파트 공사가 한창 진행 중
쿵, 쾅, 쫘당 울려 퍼지는 굉음에
얼마나 자주 놀라고 가슴 졸이며
안절부절 견딜 수가 없었는지 증언하라
편리함 앞세운 인간들 욕심이
천혜의 자연환경을 어떻게 파헤치고
빼앗고 파괴하였는지
신불도, 삼목도, 오성산이 어떻게 무너지고
사라졌는지
눈발 날리는 12월 을씨년스런 살풍경 아래

떨어져 나간 절벽 한쪽에서 웅크린 채
떨고 있는 수리부엉이야,
어떻게 인간종족이 야생동물 터전을 빼앗았는지
인간들 만행 저 하늘에다 낱낱이 증언하라

(2023. 12 영종도에서)

불새의 추억

가슴에 불새가 살았다
소년 시절 내 가슴 애태우던 불새
날마다 소녀 곁을 맴돌던 불새
한 소녀의 수호신 되어
그녀 곁을 떠나지 않았다
불새는 주위를 맴돌 뿐 끝내 한마디
맘속의 말 전하지 못하고 돌아서곤 했다
소녀를 보는 것만으로 가슴 벅차올랐고
그것으로 위안 삼았다
나는 성장한 뒤 고향을 떠나 머나먼
객지를 떠돌아야 했다
그러나 수없이 먼 남쪽 하늘 아래로
날아가던 그 불새
사회라는 곳에 불시착해 탁한 공기를 마시며
비상飛翔 시간 점점 줄어들더니
불새의 기억에서 시나브로 사라져버린
그 소녀
지금 어느 하늘 아래서 잘 있을까?
청춘 시절 불새의 마음 사로잡았던
추억의 아리따운 그 소녀

드라마작가와 나

내 안에 사는 이여
깊은 밤이면
아무도 몰래 깨어나
무성영화 영사기 돌려놓고
공포에 몸서리치게도 하고
애달픈 사랑에 눈물짓게도 하고
환희의 종달새 되어 날게도 하는 이여
그대는 누구입니까
밤마다 소리 없이 찾아와
내 깊은 잠의 세계 지배하다
눈뜨면 감쪽같이 사라져 버리는
그대는 진정 누구입니까

그 작가 한평생 나와 함께 산다
하루도 빠짐없이 작품을 쓰지만
원고료 한 푼 주지 않아도 곁 떠나지 않는
시나리오 쓰고 연출하는 작가
날마다 새 작품 쓰지만
발표 전 대부분 지우개로 지운다
작가는 주인이 깨어있는 동안엔 작업 중단

드라마 속에서 무서워 소리치거나
필사적 도망치다가 소스라쳐 깰 때도 있다

돌배기 손자가 드라마에 심취하였는지
잠결에 미소 짓다 얼굴 찡그리기도 한다
태어나면서부터 한평생 동거하는 작가
그대는 누구인가?

풍장

가끔 풍장을 꿈꾼다
깊은 산 숲속 너럭바위에 앉아
3일 낮 3일 밤
참회의 시간을 가진 뒤
밤하늘 별빛 우러르다 마지막 숨 멈추면
바람이 벌레의 시신을 수습해 가듯
이 육신 풍화되어 우주로 돌아가는 날
나, 세상 태어나 즐거운 일도 있었노라
슬프고 괴로운 날도 있었노라
인연 따라 맺어진 모든 것 버리고
태어나고 죽음 없는 세상 우주로 돌아가는 의식
아무도 모르는 아주 간소한 풍장
그러나 나에게는 거룩한 풍장
바람이 빼앗아 간다
육신의 피
햇빛이 분해해 간다
육신의 뼈
그리고 남긴 것
아, 아무것도 없는 파란 허공

빈집

내 안에 빈집 하나 있습니다
그 빈집에는 지난날 모습 남아 있습니다
20대와 30대 시절의
괴로웠던 날들, 그리워했던 날들
누구에게도 말하지 않았던 나만의 내밀한 추억
남아 있습니다
나는 때때로 그 빈집을 찾아 혼란한 마음 가다듬고
나약해져 가는 자신을 채찍질하기도 합니다
그 집에는 이런 말 적혀 있습니다

너는 너의 길 가야 하느니
드높이 솟은 두륜산* 영봉 우러르라
끊임없이 밀어닥치는 해풍에 가슴 달래며
어쩌다 흰 구름 조각 노닐다 갈지라도
아무 스스럼없이 보내주고 침묵하는 산봉우리
닮아라, 너의 이름은 너의 목숨
너의 규율에 쫓아
인생을 참되게 엮어 나가야 하느니

마음 허전한 날이면

내 안 그 빈집에 살며시 찾아가
지난날과 오늘 내 모습 반추해보곤 합니다

* 두륜산: 해남 두륜산

저 바람에게 길 묻다

어서 너의 길을 가라
봄이면 높새바람 불어와
어서 너의 길을 가라
가을이면 갈바람 불어와
옷자락 흔들며 어서 너의 길을 가라 재촉하며
나에게 조바심 일으키게 한 바람이여
나, 바람의 가르침 따라 살아왔으나
너무 서두르지 않았고
반면 게으르게도 살지 않았다
날마다 나의 길 찾아 부단히 걸어온 길
칠십 고갯마루 지나온 나
다시 바람에게 길 묻는다
나는 나의 길 올바르게 가고 있는가
내가 추구하며 갈구해온 진리 탐구의 길
그 방향에 오류가 없는가
태양은 뉘엿뉘엿 기울어 저물어가는데
머리카락 흔들고 가는 소슬바람에게
나는 다시 나의 길 묻는다

복어알 파세요

얼마 전 포항 다녀온 친구의 말
사야 할 것이 있어서
죽도시장 생선가게에 들렀단다
복어알 구하러 왔다고 말하니까
가게 주인 정색을 하며 왈
하직하려고요?
여긴 없다고 손사래 치더란다
다시 다른 가게에 들러 물었더니
반응이 똑 같더란다
자네 도대체 복어알 어디에다 쓰려고
구하려 했는가? 묻자
호쾌하게 살아온 친구의 진지한 답변
복어알 미리 준비해 두었다가
아파서 혼자 못 움직이게 될 때가 오면
스스로 깨끗이 세상 뜨려고 그리했네, 허허
아, 그런가
우리도 준비할 때가 되었네. 허 허
서로 얼굴 쳐다보며 웃었다

저세상 갈 때

저세상 갈 때 우리
무얼 가지고 갈까
저승엔 돈 없이 산다는데
그래도 노잣돈은 필요할 터이니
먼 저승길 갈려면 노잣돈은 필요할 터이니
관 뚜껑 덮기 전 노잣돈 몇 푼
사자死者 허리춤에 끼워두고 덮었다
저세상 갈 때
또 무얼 가지고 갈까
저승에선 권력, 명예 필요 없다는데
그래도 이승에 살 때 이렇게 살았노라
만장挽章 앞세우고 가면 차마 홀대받지는
않을 것이니
대나무 끝에 만장 너풀거리며
줄줄이 상여 뒤따랐다
저승도 이승처럼 그렇게 살 것이라, 생각하신
우리 선조들 순박한 마음

누에고치 되기

청소년 시절 집에서 누에를 쳤다
깨알처럼 작은 누에 넉 잠을 자고 나면
뽕잎 먹어 치우는 소리가 사각사각
장대비 쏟아지는 소리처럼 소란스럽다
다섯 잠을 자고 나면 섶으로 올라가
하얀 고치 만들고 그 고치 속에서
번데기로 탈바꿈한다
누에가 혼신渾身의 힘 다해 만든
눈부시게 새하얀 고치
끓는 물에 넣은 뒤 물레를 돌려
은빛 실 뽑아내 비단을 짜서 인류 문명사에
기념비적 의류 혁명을 일으켰다
얼마나 고마웠으면
하늘이 내린 천혜의 벌레라는 뜻
누에잠蠶이라는 문자 만들었을까
나도 그 누에처럼 혼신의 열정 다 바쳐
시詩의 정수 뽑아내 은은하게
빛 발하는 작품집 하나 완성해 놓은 뒤
이 세상 뜨면 내 생애生涯 여한이 없겠다

예단포 바람의 언덕

바닷가 언덕에서
석양에 물드는 바다를 바라보면
바다 수면 이글거리는 황금빛 윤슬에
뭇 인간들 애환이 뒤섞여 일렁거린다
어디선가 들리는 듯, 버려라
잡다한 욕망 버리고
저무는 저 석양빛 보라
너희들 말년도 저 석양처럼
빛 떨구며 뉘엿뉘엿 저물어 갈 것이니
다 내려놓아라
다 내려놓고 일렁이는
저 바다 장엄한 황금빛 윤슬처럼
불타는 노을처럼 아름답게 인생 노년기를
웅혼雄渾하게 장식하라
마음 허전한 날이면
예단포 바람의 언덕으로 와
노을빛에 물드는 저 바다를 보아라
황금빛 윤슬 한아름 쓸어안고 돌아가라

시와 화살

어느 날
시의 화살이 날아와
내 가슴에 꽂혔다
화살에 꽂힌 새처럼
아픔으로 몇 며칠 가슴앓이하다가
뽑아내면 후련해지고
평온한 일상으로 돌아오지만
아픔 잊을만하면
다시 날아와 꽂히는 화살
이 상처의 흔적들 버릴 수 없어
아픔 삼키며 기록해 두고 되새김질했다
나의 시는 가슴에 박힌 화살의 흔적
조갯살에 박힌 옹이가 진주로 탄생하듯
그 아픔들 단단해져서 훗날 한 편의 시로
탄생한다

비와 눈물

구름은 승천하는 물의 날개
수억 년 전 우주를 떠돌던
거대한 얼음덩어리
지구로 추락해 바닷물 되었다
물의 정령은 우주공간 떠돌던 옛 시절이
그리워서 구름으로 변신해
하늘 높이 오르고 싶어 잿빛 나래를 편다
파란 하늘에 새털구름의 산뜻한 미소와 달리
높이 오르지 못한 먹장구름은
슬픈 눈물 머금었다가 빗방울로 뿌린다
먼 우주로 돌아가지 못하고
근원으로 돌아가지 못하고 추락하는 자들 슬픈
눈물의 실체, 비
여우도 죽을 때 태어난 곳 언덕 향하고 죽는다지
봄비 소록소록 내리는 날 창밖을 내다보니
어린 시절 시냇가에서 멱감고
들판 뛰어다니던 먼 추억이 손짓한다
돌아갈 수 없는 곳에 대한 그리움
비는 그 태초의 고향이 그리워
승천하다, 승천하다 추락하는 자들의 눈물

우리는 우리다

아파트 엘리베이터에서
이웃의 날숨이 나의 들숨이 된다
우리는 한 우리에 사니 우리다
사무실 엘리베이터에서
타인의 날숨이 나의 들숨이 된다
만원 전철 객실에서
승객들의 호흡이 들숨 날숨으로 뒤섞인다
사무실 실내 공기가 직원들 서로서로
들숨 날숨으로 섞인다
비행기 안에서 내국인과 외국인의 호흡
들숨 날숨으로 섞인다
고양이의 날숨을 내가 마시고
강아지의 날숨을 내가 마시고
소나무의 날숨을 내가 마신다
지상, 공중, 물속 살아가는 모든 생명체가
같은 공기로 숨 쉬는 공동 운명체이니
우리는 모두 같은 우리 안에 사는 우리다

깨달음

새벽 별을 보고 문득 깨달은 사람 있다
한낮에 닭 우는 소리를 듣고 깨달은 사람 있다
봄날 복사꽃 터지는 찰나 깨달은 사람 있다
경전 읽는 소리 듣고 깨달은 사람 있다
깊은 밤 촛불 꺼지는 순간 깨달은 사람 있다
길 가다 미끄러져 깨달은 사람 있다
해우소 똥 떨어지는 소리에 깨달은 사람 있다
허랑허랑 세월 보내는 우리네 인생
언제 눈뜰 것인가
부질없이 미몽 속 헤매는 나

한때의 바람

비혼 풍조,
이 시대의 바람일 것이다
출산을 기피하는 것도 바람일 것이다
지금 세계 자본주의 실험도 바람일 것이다
사회주의 실험도 바람일 것이다
한때의 바람일 것이다
청동기 시대, 한반도 청동기인들이
3만5천 기 고인돌 무덤 만들어
지구상 고인돌 40%가 한반도에 있어
족장의 장례를 치른 풍속 한때의 바람이었듯이
민주주의 정치체제 실험도 한때의 바람일 것이다
일당독재의 정치제제도 또한
현재의 역사, 문명, 문화도 또한
지구 행성을 휘돌고 지나가는 한때의
바람일 것이다
어쩌면 우주를 돌리는 거대한 풍차가 있어서
그 수레바퀴가 돌아가면서 돌풍 일으키는
한때의 바람일 것이다

오사카성 까마귀

비 내리는 오사카성
음산한 하늘에 커다란 까마귀들이
울부짖는다
피비린내 역겨운 아비규환의 전쟁터에서
죽어간 원혼들이 울부짖는다
어찌하여 백성들을 조선 전쟁터로 내몰아
수많은 인명을 살상케 한 호전적 장군
과대망상증에 사로잡혔던 군벌을 칭송하는가
오사카성 하늘을 떠돌며 울부짖는다
수십만 원귀들의 수백 년 동안 내려온 울부짖음
듣지 못하는가
그 원귀들의 눈물이 비로 뿌리는
오사카성 오늘
차갑고 을씨년스런 하늘 아래
까마귀들이 까악~ 까악~
인간이란 종족들아 정신 차려라!
무자비한 철권통치자를 우상화하는 종족들아
언제 깨우쳐 이성을 되찾으려는가
까악~ 까악~

제2부

얼마나 간절하게, 간절하게
그대를 불렀습니까
절체절명의 순간 그대의 손길 바랐습니까
끝내 침묵으로 일관하는 하늘이여

목숨

돌아가셨다
어디로?

오기 전 그곳으로

숨 끊어졌다
어디에 있는 숨?

목으로 드나드는 숨

목숨이란
목에 걸려있는 숨

우리 선조들 혜안慧眼 기막히다

빛 속에 내가 있다

공자는 살아 있다
부처도 살아 있다
2,500광년 떨어진 별에선 볼 수 있다
지구 행성에 살던 그분들 모습 생생하다
어릴 적 내 모습
50광년 떨어진 별에선 볼 수 있다
고성능 눈동자 있다면
빛의 속도보다 빠른 망원경 있다면
빛 속에 존재하는 과거 모습 볼 수 있다
우리가 살아온 행적 사라지지 않고
빛의 형태로 우주 공간에 영원히 남아 있다
어릴 적 살던 초가집 모습
구불구불 정겹던 고샅길도
빙판에서 팽이 치고 놀던 모습도
저 빛 속에 영원히 남아 있다
지상에서 삶 끝나면
내 자유로운 영혼이 훨훨 날아가
빛 속의 그 시절로 돌아갈 수 있을까

도톤보리

단박에 도를 깨우치는 곳, 소문에
찾아온 도돈굴道頓掘
도는 보이지 않고
도를 수행하는 사람도 보이지 않고
우글거리는 사람들만 우왕좌왕 질펀하게
물밀듯이 밀려다니네
먹고 마시고 흥청대는 유흥가
즉석 밀교 장사까지 성행하는 곳
이곳이 바로 단박에 도를 깨우치는 도돈굴
유흥의 거리 도톤보리 실상이네
바다 건너온 나
이곳에서 무얼 얻었는가?
인파에 떠밀려 다니며 그 인파가 역겨워
이곳 빨리 벗어나고 싶어 조바심치며 속물 된 나
도는 쓰레기통에도 있고
도는 시장바닥에도 있다고 했는데
흙탕물에 살되 연꽃처럼 물들지 말라고 했는데
난, 세속과 어울려 살며 도를 깨우치긴
이미 틀렸는가 보네

바닷가 언덕에서

1.
바다,
저 출렁이는 바다
태초 불덩어리였던 지구 식힐 때
우주를 떠돌던 커다란 얼음덩어리 비 오듯
쏟아졌다
거대한 바다가 만들어지고
생명체 탄생 시원 저 출렁이는 바다
그 바다 긴긴 40억 년 역사
지구상 인류가 출현한 이후부터 시작된
치열한 전쟁과 죽은 자의 원혼들
무수히 바다에 흘러들어 수장되었다
저 바다 이글이글 뒤척이는 윤슬에
그 원혼들 비원悲願이 명멸하다 스러진다
불타는 황혼빛에 끊임없이 울먹이는
저 바다를 보라
바닷가 바람의 언덕에서 망연히 바라보면
내 안의 바다에서도
깊은 회한이 일렁거린다
바다와 나 한 몸이 되어 흔들린다

2.
따사로운 햇살 비치는 봄 바다는
괭이갈매기들 자장가 소리 들으며
아가의 고운 숨결로 찰랑찰랑, 찰랑찰랑
뒤척거린다
사그락사그락 모래 구르는 소리
자그락, 자그락 조약돌 구르는 소리

3.
오뉴월이면
바람 한 점 없이 고요한 날
바다는 거대한 거울이 된다
기름을 부어놓은 듯
윤기 자르르 흐르는 바다
풍덩 뛰어들면 둥둥 떠오를 듯
미끈미끈한 바다
깊은 잠에 빠져들었는지 기척이 없다

4.
팔월 뜨거운 햇살 아래 이글거리는 바다

난바다 너머에서 마파람 불어오면
바다는 깊은 잠에서 깨어나
한껏 기지개 켜고 넘실거린다
계절풍이 바다의 옷깃을 잡아당기면
물결 일으켜 출렁거리기 시작하는 바다

5.
구월에 접어들어
태평양 노대바람이 바다의 얼굴 할퀴면
바다는 성난 파도를 일으키며 저항한다
나를 건드리지 마라
나의 야성을 건드리지 마라
포효하기 시작하는 바다
나의 분노는 아무도 말리지 못할 것이니
내가 스스로 억제치 못하니
바다 위에 모든 것 뒤엎을 것이니
돌아가라, 빨리 항구로 돌아가라
고깃배들아, 무역선들아
나의 마지막 경고를 무시하지 마라
바다는 거대한 파도 일으켜 토사곽란처럼

뒤틀리고 쥐어뜯고 할퀴고 나뒹군다
바다는 이제 미쳐 날뛰는 거대한 폭군이 된다
무엇이든 가리지 않고 쳐부수는 전사가 된다
하루, 이틀, 사흘 모든 걸 삼킬 듯
휘몰아치고 퍼붓다가 기력이 다해 지치고
분이 풀리면 맥빠진 풀잎처럼 스스로 눕는다
폭풍우 지나갔다
태풍이 끌고 온 광풍의 비바람도 지나갔다
바다는 흐트러진 옷깃을 여미고
머리칼 쓸어내리며
차분해진 모습으로 생기를 되찾아 간다

6.
바다는 이제 다시 평온을 노래한다
망망히 드넓은 가슴을 펼쳐
청탁 불문 받아들이고
지구 생명체들에게 무수히 많은 생명수를
제공한다
바다는, 늘 보아온 저 망망한 바다는
단조로운 해조음으로 출렁이지만

그 속 깊은 곳에 지구 행성 뭇 생명체들의 비원과
생로병사, 희로애락을 품고 묵묵히
함묵한다

생사의 순간

금강저수지* 푸른 물에 멱감던 청년
사람 살려! 사람 살려! 소리쳤다
난, 그게 장난인 줄로 알았다
두세 번 소리치더니 물속으로 사라졌다
저수지는 아무 일 없다는 듯
평온할 뿐이었다
익사자가 읍내 오케페인트사 아들이라는
소문이 났다
며칠 후 해녀가 와 수색하자
읍내 사람들에게 큰 구경거리 되었다
해녀들이 빈손으로 돌아가고
우주인 같은 잠수부가 와서 수색해
겨우 찾았는데
가부좌 자세로 바위에 기댄 채 앉아있었다고
했다 그 무렵 저수지 물귀신이 해마다
인신 공양을 받는다고 수군거렸다
난, 초등학생 시절 문득 생사가 갈리는 절박한
그 순간을 생생히 목격하였다

*금강저수지: 해남읍에 있는 저수지

은적사 隱迹寺

산 정상 너머에 은적사 있다는 말
소년 시절 들은 그 후부터
금강산을 바라보면 가보고 싶었다
꿈에서도 몇 번 나타났던 은적사
궁금증은 세월 가면서 점점 그리움으로
50년 세월 훌쩍 지나 찾아온 은적사
은둔과 적멸의 절간
이곳에 오면 발자취마저 지워진다는
금강산* 뒤쪽에 은둔한 아담하고 고색창연 절
행사 끝난 현수막만 동그마니 남아
스님은 출타 중인 듯
빈 절간엔 수백 년 된 비자나무 몇 그루가
묵언 수행 중이다
나는 해남 8경 은적사 종소리 듣지 못하고
은적사 앞마당에 그리움 한 보따리 내려놓고
돌아선다

*금강산: 해남군 소재 금강산

인간의 비애

난, 인간이기에 비애를 느낀다
지구상 인류 출현 이후
끊이지 않는 잔혹한 전쟁의 역사
얼마나 참혹하게 죽어갔는가
광란의 살육장 전쟁터에서
창칼에 찔리고 베이고, 화살에 꽂히고
총탄, 포탄에 맞아 죽어갔는가
약탈, 살인, 방화, 강간
전쟁과 관계없는 무고한 백성도 죽어갔는가
끊임없이 살상 무기를 개발하여
신神의 무기인 핵무기까지 거머쥐게 된 인류
핵폭탄을 지구 머리 위에서 기어코
떨어뜨릴 것인가
지구상 모든 생명체를 절멸시킬 참혹한
핵전쟁 일으킬 것인가
지구 행성 운명은 이제 인간 손아귀에 달렸다
참혹한 전쟁 자행하는 인간의 잔인성 앞에
비애를 느낀다

이날 광화문

고 이승만 대통령 국부로 명예 회복시켜라!
열변을 토하고 복창하는 노인들
태극기와 성조기 함께 흔드는 단체들의
확성기 소리 와글와글
시민사회단체 깃발과 노동단체 깃발 쳐들고
광장으로 꾸역꾸역 몰려드는 청, 장년들
"매국노 윤석열 퇴진하라"는 현수막
길거리에 애잔하게 핀 산수국과 비비추꽃이
바람에 흔들리고
굉음을 일으키며 오가는 자동차 행렬
이 광경을 내려다보는 이순신 장군과 세종대왕
그 앞에서 위용을 뽐내며 버티고 침묵하는
이 나라 굴지 언론재벌의 고층 빌딩들
"후쿠시마 오염수 결사반대" 너풀거리는 현수막
옆에서 "오염수 괴담으로 국민 협박하지 마라"는
현수막이 너풀거린다
역사가 소용돌이치는 현장, 몰각과 자각의 교차로
가시 돋친 구호가 난무하는 시위 현장
2023년 6월 하루는 또 이렇게 저물어간다

신의 침묵

얼마나 간절하게, 간절하게
그대를 불렀습니까
절체절명의 순간 그대의 손길 바랐습니까
끝내 침묵으로 일관하는 하늘이여,
신이여
지상에 살던 수천억 인류가 그대의 대답
기다리다가 죽어갔고
지금도 살아있는 수십억 인류가
그대 참모습 왕림 기다리는데
끝끝내 마냥 침묵으로 일관하는 신이여
깎아지른 절벽 위 성당에서 기도하는 모습,
소리 들으셨나요
첩첩 산중에서 염불하는 스님 목탁 소리
들으셨나요
풀 한 포기도 없는 사막에서 무릎 꿇고 경배하는
무슬림의 기도 들으셨나요
죄 없는 사형수가 마지막으로 결백을 호소하는
절박한 기도 들으셨나요
마냥 침묵으로 함구하는 하늘이여, 신이여

협죽도 바람 소리인가

사도 요한 교회 건너편 야산
산자락에 예수 사후 사도 요한을 따라
성모마리아가 에페소스로 와 여생을 보냈다는
순례지가 있다
아야술룩 언덕 허물어진 교회 터
에게해 쪽 바람이 쉼 없이 거칠게 불어온다
성벽 아래쪽에서 쑤우우~ 소리치며
열렬히 나부끼는 나무는 어떤 나무일까
난, 협죽도 바람 소리이길 바랐다
셀축 시가지 도로 곳곳에 꽃피던 협죽도 그
정열의 꽃처럼 살다간 고대 에페소스인처럼
협죽도 바람 소리이길……
그런데 유칼립투스나무 바람 소리란다
오랜 시간 지난 요즘도 가끔
폐허가 된 사도 요한 교회 풍경 떠오르며
쑤우우~ 나를 흔드는 그 바람 소리 듣는다
2천 년 세월 지켜온 신앙의 흔적이여

우리 몸은 피아노

우리 몸에 음악의 선율 잠재해 있어
경쾌한 춤곡을 들으면 엉덩이가 들썩거린다
슬픈 음악을 들으면 눈가에 이슬 맺힌다
우리 몸은 피아노다
슬픔의 건반을 두드리면
슬픔에 젖은 음악이 흘러나오고
외로움의 건반 건드리면
쓸쓸하고 외로운 맘 물밀듯 밀려온다
사랑의 건반을 두드리면
솜사탕처럼 부드러운 감정이 흘러나오고
미움의 건반을 두드리면
역하게 미움의 감정이 치밀어오른다
우리 몸은
희로애락 애오욕 갖가지 감정 연주할 수 있는
피아노다
어떤 악곡 선택할 것인가
그것은 각자 연주자의 몫이다

나를 찾아서

노승이 동자승에게 말했다
아무개야
네~
대답하는 네가 누구냐?
대답하는 그놈을 찾아보아라
노승의 한결같은 가르침은 단 이 한마디뿐
동자승은 길 떠났다
30년 동안 자기 자신을 찾아다니다가
중늙은이로 다시 돌아와서 남긴 한마디

되돌아보니
30년 세월 허송했구나
원래 없는 나를 두고 어디서 찾겠다고
헤매었던가

구도의 길

구도의 길은 하나다
아니다
구도의 길은 수많은 갈림길이다
스님은 부처의 가르침에서 길을 찾는다
신부는 예수의 가르침에서 길을 찾는다
무슬림은 무함마드의 가르침에서 길을 찾는다
화가는 그림에서 길을 찾는다
문학인은 문학에서 길을 찾는다
다 구도의 길을 가는 사람들이다
방일하지 않고 일구월심 노력하면 길 끝에서
정상에 오를 것이다
정상에 오르지 못한다 해도
후학에게 발자국 남길 것이다
한 가지 일에 전심전력 매진하는 사람
그는 진정한 구도자다
구도의 길은 하나가 아니다
그러나 구도 길 종점은 결국 하나로 귀결된다

시리아의 개

시리아의 개는 시리아 국경을 넘어서야 짖는다
비밀경찰이 무서워 개도 짖지 않는다는
서슬 퍼런 아사드 부자의 54년 철권 통치
바트당을 앞세우고 군대를 뒷배로 삼아
공포의 사냥꾼 비밀경찰로 권력의 철옹성 쌓았다
그러나 2024년 하루아침에 무너졌다.
아시아 민주주의 모범국가에서
대통령이 수사기관과 군대 요직을 장악하고
측근 인사로 포진시켜
친위쿠데타 일으켰다가 6시간 만에
드라마처럼 끝났다
아무도 예상치 못한 청천벽력 비상계엄
하마터면 시리아의 개가 될뻔한 아찔한 순간
깨어있는 민주시민의 육탄 방어가 쿠데타를
막아냈다
지금도 지구촌 곳곳 독재국가의 비밀 요원들은
눈빛 번득이며 권력자에게 충성 증명할 먹잇감,
사냥감을 찾고 있다

연민을 위하여

티브이에 나온 저 혐오스러운 얼굴
혹여 내 분신 아닌지 되돌아본 적 있습니다
어느 정치인의 저 뻔뻔스러운 얼굴이
나의 또 다른 모습 아닐까
유심히 뜯어본 적 있습니다
체포된 범죄자의 초췌한 모습이
또 다른 나의 모습 아닐까
망연히 연민의 눈으로 바라본 적 있습니다
그들 모습이 나일 수 있다는 생각에
얼굴과 겉모습 다른 나의 아바타일 수 있다
는 생각에 피아彼我의 경계가 무너집니다
우리는 한 뿌리에서 갈라진 가지 이거나
한 송이 꽃에서 피었다 흩어지는 민들레 홀씨
그런 존재라는 생각에
타인과 나의 절벽이 무너집니다

백점얼룩상어

해저 암초에 붙어 있는 상어알
생태학자가 특수 카메라로
알 속 부화 과정 촬영한 화면 보니
치어의 배꼽이 난황에 연결된 채 앞뒤로
유영 연습하는 알 속 새끼상어 율동이
리드미컬하다
상어 심장 박동 소리가 태초의 소리처럼
콩닥콩닥 들린다
내 몸속 심장 박동 소리처럼
아프리카 원주민의 북소리처럼 콩닥콩닥
알 속 치어가 움직여야 산다. 움직여야 산다
본능적으로 행동하는 듯한 끊임없는 동작
경이로운 생명의 율동 나를 전율케 한다
영차영차 힘내자, 콩닥콩닥
바닷속 생명 그 역동성
지금도 어느 해적에서 계속되고 있으리라

식탁에서 불꽃 먹기

불꽃을 먹는다
빨강, 피망 불꽃
초록, 고추 불꽃
파랑, 블루베리 불꽃
바다를 헤엄치고 다니던
먹갈치 불꽃도 있다
하늘 휘젓고 다녔던
익룡의 후예 장닭 불꽃도 있다
불꽃을 먹는다
내 뱃속에 들어가면 기름이 되어
또 다른 불꽃 하나 켜서
'나'란 존재 밝혀줄 불꽃의 연료를 먹는다
아작아작 불꽃을 씹어먹는다

그 사막에 가면

사구와 사구가
지평선 끝에서 끝까지
망망히 굽이굽이 출렁이는 능선 늘어선
여기 인적 없는 샹사완* 사막
사구가 둥그스름 빚어낸 커다란 공명 악기
곳곳에 웅크리고 잠들어 있다가
바람이 악기 귓바퀴 살짝 스치고 가자
웅~ 우웅~ 훙
대자연이 연주해 주는 신비한 소리를 낸다
미묘한 신음呻吟 근원이
거대한 모래 무덤 속 천 년 묻혀있는
카라반의 깊은 탄식인 줄 누가 알까
가만히 귀 기울여 들어보면
이따금 마두금 줄 뚝~ 끊어지는 비장한 소리

*샹사완: 중국 내몽고 오르도스에 있는 사막

둥글게 살아라

둥글어야 행성行星 자격 생긴다
모나면 행성으로서 자격 미달
사과가 둥글다
조약돌은 천년 넘게 갈고 닦아서
둥글게 되었다
새알이 둥글다, 거북이알 둥글다
새집 둥글다
둥글어야 생명을 키우는 집이 된다
둥글둥글 원만한 성격을 갖추면
행복해질 수 있다고 선인들을 말한다
하지만 나는 둥글게 살지 못했다
가끔 뾰족한 나의 성격 모서리에다
나 자신이 찔려 피 흘리고 책망하며 수없이
후회하곤 했다
늦깎이로 겨우 깨달았으니 이제부터
모난 성격의 뾰족한 예각을 다듬으며
둥글둥글 원만하게 살아가야겠다

아야소피아 성당

아야소피아 성당에 가면
아야, 아야, 비명 어디선가 들린다
인간이 종교를 만들었으나
종교가 인간을 억압하고 통치하는 도구로
전락한 역사 현장
비잔틴제국 멸망과 함께
성소피아 성당을 점령한 오스만제국이
수많은 모자이크 타일로 조성된 성화聖畵를
회칠해 버렸다
회칠한 벽면 벗겨진 곳곳에 드러난 성화 일부
예수상, 황제와 성모자상, 새의 날개로 묘사한
기독교 초기 천사의 모습과
그 뒤 새의 날개를 단 어린아이 모습으로
묘사한 천사의 모습
금이 간 벽면과 기우는 바닥, 퇴색해 가는 성전
인류의 위대한 문화유산마저 자기 종교를 앞세워
왜곡하고 훼손하고 덧칠하는 인간의 만행
종교 맹신의 어두운 그림자
아야소피아 성당에 가면
성당 곳곳에서 아야, 아야 비명 들린다

제3부

우주에서 왔다가
우주로 돌아가는 법칙 깨달은 후
몸소 그 원리 실천하신 선각들

우주와 일체다

태초에 생명이 태어날 때
빛이 있었다
태초에 생명이 태어날 때
물이 있었다
태초에 생명이 탄생할 때
공기가 있었다
태초에 생명이 탄생할 때
흙이 있었다
그러므로 우리는 빛의 자손
그러므로 우리는 물의 자손
그러므로 우리는 바람의 자손
그러므로 우리는 흙의 자손
탄생과 소멸 원리가 그러하므로
우리도 생명이 끝나면
지. 수. 화. 풍 흩어져 우주로 돌아갈까

꼬마물떼새

꼬마물떼새를 안다
물가에서 살아가는 작은 새
자갈밭에다 자갈 닮은 알을 낳고
감쪽같이 포식자를 속인다
내 고향에 강처럼 넓은 시내가 마을 앞
지나간다
그래서 '너븐내'라고 불렀다
아스라이 펼쳐진 하천 부지에
널브러져 있는 자갈밭
그 자갈밭 돌 틈 꼬마물떼새가 들락날락하는 곳
소년 시절 내가 매의 눈으로 수색하면
어쩌다 운 좋은 날
보물찾기로 발견한 보물처럼
찾아낸 꼬마물떼새의 알
어쩜 그렇게 자갈과 똑같이 생긴 알
자갈 틈에다 꼭꼭 숨겨 놓았는지
자연과 생명의 오묘한 이치에 감응하곤 했다

초원에 별들이

풀밭 끝없이 펼쳐져 하늘과 맞닿은
여기 내몽고 오르도스 초원
새벽에 깨어 쳐다본 밤하늘엔
별들이 쏟아지고 있다
남쪽 하늘에 페가수스자리
북쪽에 카시오페이아자리
동쪽에 안드로메다자리
서쪽에 백조자리
밤하늘 온통 반짝반짝 빛나는 별천지
소년 시절 맛있게 따먹던
그 별사탕들 아직도 주렁주렁 매달려 있고
푸른 하늘 은하수 강은 마르지 않고 흐른다
인간사 흥망 바뀌어도
소년이 어느덧 칠십 세월 지났어도
별들은 변함없이 제 자리 지키고 있건만
난, 지금까지 길 찾아 유랑하고 있는가

문학병

가슴 한쪽 바람벽 뚫려 있어
그들은 가슴앓이 환자 종족
선천성 환자 있고
후천적으로 발병 환자 있고
환자로 보이고 싶어 하는 나이롱환자도 있어
문학, 그 병에 빠지면
치유하기 어려운 고질병이 십중팔구
평생 앓으며 죽을 때까지
가슴에 안고 산다
글을 잘 쓰고, 부족하고 문제 아니다
문학인은 다 동병상련
같은 길 가는 도반
이승에서 생生이 끝난 그들 가는 길
밤하늘 별이 되어 반짝이거나
역마살 낀 바람의 혼魂으로 떠돌거나

공공의 적

숲을 불태우고 개간한 자 누구입니까
지구 행성 온통 파헤치고 광물
캐내 가는 자 누구입니까
바다에 그물치고 물고기 싹쓸이하는 자
시커먼 매연 내뿜어 공기 오염시키는 자
우주 공간에 인공위성 마구 쏘아 올려
우주를 오염시키는 자 누구입니까
어느 날 그 종족이란 존재가 몽땅
지구상에서 사라져 버리면
닭장에 갇힌 닭이 꼬, 꼬, 꼬꼬대
숲속 비둘기 구, 구, 구
하늘의 솔개가 빙글빙글
바다 숭어가 펄떡펄떡 뛰어오르고
마구간 송아지가 음메에
돼지 우리 안 돼지가 꿀, 꿀, 꿀
지구상 생명체들 공공의 적이 사라졌다
까치가 깍, 깍, 깍 노래한다
원숭이가 좋아라, 공중제비하며 뛰어다닌다

눈 쌓인 밤 풍경

아버지 심부름하러
동네 점방에 다녀오는 길
뽀드득뽀드득
뒤따라오는 발자국 소리
놀란 가슴은 콩닥콩닥
숨죽이며 살금살금 걷다가
우리 집 대문이 보이자
걸음아, 날 살려라!
후다닥 뛰어들던
소년 시절
달걀귀신이 잡아간다는 풍문에
오금이 저리던 눈 쌓인 밤길 추억
반세기 흘렀는데
그날 밤처럼 오늘 눈이 소복소복 내리네

힘들지 않겠느냐

우리 아파트 같은 동에 초비만 아이가 산다
학교도 다니지 못하는 아이
열두세 살 정도 되어 보이는 아이
엘리베이터에서 마주치면 힘들게
"아녀하세노"
거칠게 색색거리는 숨소리에
몸무게 100킬로 넘게 나갈 듯
목과 몸통 구분이 어렵고
배는 부풀어 남산만큼 커다랗다
세상에 하느님!
어찌하여 저런 병을 주셨습니까
몸도 가누기 힘든 비만증 일으키는 병을
주셨습니까
만날 때마다 점점 더 몸통이 부풀어 오른
아이를 보면 마음속으로
쯧쯧 힘들지 않겠느냐
저절로 마음이 짠해진다

36.5도

내 몸속에 보일러 있어
겨울철 손 시릴 때 몸통 만지면
따뜻함이 느껴진다
그 불씨가 수백만 년 동안 꺼지지 않고
자자손손 전해왔다
한파가 휘몰아치면 동굴과 움집에서
따스한 몸통과 몸통 서로 껴안고 잠들던 인류
얼음장 녹이던 따뜻한 보일러 간직한 인류
한여름이면 느티나무 그늘에 쉬면서
과열된 몸을 식히던 인류
몸속 보일러 온도 5도만 올라가도 과열로
쓰러지거나
5도만 내려가도 저체온증 일으켜 죽음에
이르게 되는
위험하고 예민한 보일러 하나씩 몸속 간직한 채
살아간다.
우리 몸속 보일러 그 불꽃 꺼지면
싸늘하게 굳은 육신 덩어리로 변하지

시의 근원

내 가슴까지 붉게 물들이며
뚝, 뚝 떨어지는 동백꽃을 보지 못했다면

하얗게 눈 덮인 운동장에 나가
소녀의 이름 눈밭에 살며시 써 보던
애틋한 그리움의 시절이 없었다면

그해 폭발음과 함께 날아가 버린
날개 한쪽 그 아픔과 절망이 없었다면
나의 시는 태어나지 않았으리

청춘 시절 내내 따라다니던
삶과 죽음에 대해 고뇌하게 한
허무, 그 심연에 빠져 헤매지 않았다면

교정에 타오르던 샐비어 불꽃처럼
나도 하루하루 뜨겁게 불태우고 가리라
가슴에 새기지 않았다면

시는 그리움의 꽃

달, 달 휘날리던 미루나무 잎새에 띄워 보낸
내 그리움의 날들 없었다면
마음밭에서 시가 싹 트지 못했으리

산승과 새

노승이 홀로 지키는 암자

스님이 잣 한 톨 손바닥에 놓고 내민다

박새가 날아와 잣을 콕 물고 날아간다

지켜보던 거사居士 똑같은 방법 따라 해도

박새 고개만 갸우뚱거리며 접근하지 않는다

스님이 다시 잣을 손바닥에 놓자

그 녀석 냉큼 쪼아 물고 날아간다

이 본능 어찌할까

열세 살 소녀 초경을 하지 않느냐
가슴 봉긋하게 부풀지 않느냐
짝을 찾으려 욕망이 꿈틀거리지 않느냐
본능과 이성이 싸운다
지금은 때가 아니니 참아라
그러나 머지않아 곧 터질 꽃봉오리
열네 살 소년이면 음경이 딱딱해지고
거뭇거뭇 털이 나고
무언가 괜히 부딪히고 싶은 충동의 반항기
힘 자랑하고 싶은 충동 일어나지 않느냐
이 본능은 누가 시키지 않아도
누구나 겪어야 하는 육체의 필연적 본능
어느 하늘이 조종하는 것이냐
내 안에 무엇 있어 조종하는 것이냐
아, 우리는 이미 몸에 내장된 생애 설계도에 따라
생로병사의 진행 과정 실행하며 살아가다
생을 마감하는 생명체 중 한 개체의 종족에
불과한 것인가

뛰어난 미술가

가장 뛰어난 화가는 우리 몸 안에 있어
세포 속 화가가 그림 그린다
음의 과녁에 양의 화살 꽂히면
세포가 분열하며, 분열하며
그림 그린다
그림에 따라 조각 작품을 완성해 간다
우리 아버지 얼굴은 코가 오뚝하고
눈썹이 짙은 색이었지
우리 어머니 얼굴 턱이 갸름하고
입술이 도톰하고 귀는 아담하였지
그림을 그린다, 그림을 그린다
그림에 따라 조형물 만들어 간다
수십조 개 세포끼리 상호 정보를 교환하며
끊임없이 창조 작업한다
뼈대 만들고 장기 만들고 생명체의
모형 완성해 간다
신의 경지가 아니면 창조할 수 없는
우리의 생명체 탄생, 성장, 소멸이라는 과정
참 신비롭고 경이롭지 아니한가

우주와 벗하다

당나라 숙종 황제가
혜충 국사를 문병 가서
사후에 기념물로 무엇을 해드릴까요, 문자
혜충 국사가 무봉탑無縫塔이라고 대답했다

마조 대사가 몸져누웠다
원주院主가 찾아가 문후를 여쭙자
대사는 일면불 월면불日面佛 月面佛이라고
대답했다

장자의 제자들이 사후 장례 문제를 의논하자
장자는 하늘이 내 관 뚜껑이고
해와 달, 별이 천상의 조화弔花이니
장례식 걱정 끊으라고 일갈했다

우주에서 왔다가
우주로 돌아가는 법칙 깨달은 후
몸소 그 원리 실천하신 선각들

식물의 전략

실새삼은 감고 올라갈 식물의 정체를
파악해 팔 뻗는다
포도나무는 덩굴손 내밀 때
붙잡을 대상과 거리 분석하면서 슬며시
예민하게 손 내민다
어떤 식물은 향기에 민감하여 고개 돌린다
남아프리카 초본식물 세라토카리움은 씨앗을
영양 배설물 크기와 모양 똑같이 만들어
냄새까지 똑같이 만들어
씨앗 운반자 쇠똥구리를 속여
씨앗을 땅속에 묻게 해 번식 꾀한다
야생 식물은 장구한 세월 동안
독특한 자기만의 생존 방식을 개발해 왔다
말 없는 식물들도
맑은 날씨는 기쁨과 즐거움으로 맞이하고
폭풍우 치는 밤 두려움에 떨며 지새고
음악을 들려주면 좋아서 흔들흔들 춤춘다

낙화

벚꽃 피자

밤비가 내려

맨땅에 널브러진 꽃 이파리

일 년 기다림의 꿈

허무하게 무너졌나니

내 마음 저 꽃잎 닮아 아득하고

애달프지만 어찌하리

절대의 불이문

누구도 차별 없는 절대의 문
지위, 명예, 재산 한 푼
못 가지고 들어가는

다만 끊어진 목숨 하나 달랑
들고 들어가는
절대 평등의 불이문不二門

세상 나올 때 알몸으로 나왔으니
세상 떠날 때 알몸으로 들어가는

그 문 들어서면 다시 돌아온 자가
한 명도 없는
우주 원소로 흩어지는 문

지록위마

사슴을 가리켜 말이라 해도
옳다고 박수 보내는 아부꾼들 설친다
그해 대학교수가 뽑은 사자성어 지록위마指鹿爲馬
그다음 해 뽑은 사자성어 혼용무도昏庸無道
증세 없는 복지는 실현할 수 없다고 말하자,
괘씸죄로 단칼에 권부에서 축출해 버린 절대권력
그 권력은 권력남용으로 탄핵 되어 쫓겨났고
이제는 민주주의가 정착된 줄 알았다
그러나 잠시 허공에 핀 꽃
신흥 권력은 다시 무소불위 칼 휘두르고
백성은 무지렁이 취급받는다
짐이 곧 국가이고
짐의 말이 곧 법인 세상으로 회귀하는가
주요국 자살률 1위, 저출산율 1위, 노인 빈곤층 1위
권력자는 지록위마 타령이고
아부꾼들은 지당하신 말씀 연발하고
길 잃은 나라는 어디로 가고 있는가
밤안개가 어슬렁어슬렁 거리를 헤매고 있다

(2023 열린시학 발표)

꽃놀이패

꽃놀이패라는 게 있다
고스톱 칠 때도 있고 포커할 때도 있다
이 패를 던져도, 저 패를 던져도
아무렇게나 쳐도 이기는 패란다
꽃놀이패는 투전판에만 있는 게 아니라
한반도 정치판에도 있어서
북쪽에서는 곧 한. 미 연합군이 쳐들어온다
결사옹위 패를 던지면 인민들은 꼼짝 못한다
남쪽에서는 북한군이 남침할 것이다
경제 위기 패 내밀면 국민이
꼼작 못 한다
남과 북 양쪽 다 꽃놀이패를 가지고 있으니
권력의 단물 빨아먹는 자들은
그 좋은 패를 손안에 쥐고 흔들며 철옹성 쌓는다
'절대적 권력은 절대적으로 부패한다' 말처럼
꽃놀이패에 취하여 허송세월하면
남과 북 모두
암흑의 구렁텅으로 떨어지고 말리라

참회록 앞에서

나에게 묻는다
유신 정권 붕괴 후 정치 권력 탈취하려는
신군부가 광주 민주화 투쟁을 폭압暴壓 때
너는 어디서 무얼 하였느냐
지금 누리는 이 자유. 얼마나 많은 피눈물과
희생의 대가로 이룩한 것이냐
넌 용기 없는 한 명의 소시민으로
마음속으로만 응원 보내지 않았던가
분한 생각 억누르지 않았던가
투표지 한 장으로 자위하지 않았던가
다시 길 잃고 방황하는 이 시대 앞에서
국민 민주주의를 외치던 열화 같은 함성은
다 어디로 갔느냐
88 올림픽과 2002년 월드컵 때
국위를 떨치던 그 자신만만한 자긍심과 신명
다 어디로 갔느냐
어찌하여 다들 풀죽은 모습들인가
남북 정상회담과 6.15선언으로 고양된
통일 조국의 전망은 다 시들어 어디로 갔느냐
진실로 역사 앞에 부끄러운 모습이여

악몽일까?

살려주세요!
찢겨 나뒹구는 팔, 다리, 머리통
피투성이 된 어린이들
거꾸러진 채 숨 헐떡거리는 노인들
불타오르는 집과 검은 연기
도살된 짐승처럼 널브러진 시체 더미
자욱한 포연 속에 달리는 군용차량
성조기 꽂힌 채 지프차가 스쳐 간다
일장기 앞세운 장갑차가 지나간다
태극기 찢어져 너풀거린다
하늘 휘젓고 다니는 수백 대 전투기
거대한 폭격기가 지나가자 귀를 찢는 폭발음
뒷산이 우르르 무너져 내린다
한강 물, 대동강 물이 거꾸로 뒤집힌다
동해, 서해 해일과 쓰나미가 덮친다
아수라장, 난장판, 생지옥, 불지옥
탱크가 내달린다
중국 오성기가 스쳐 간다
러시아 삼색기가 지나간다
찢어진 인공기가 너풀거린다

번쩍이는 섬광과 버섯구름, 하늘이 찢어졌다
시간도 멈춰버렸다
새까맣게 불타버린 초토의 땅이여!
허겁지겁 도망치다 발버둥 치다 울부짖다가
목울대 짓밟혀 허우적거리다가 깨어났다
아, 이게 꿈인가 생시인가?

창밖을 보니 캄캄한 먹구름 몰려온다

제4부

천 개의 손과 천 개의 눈을 지닌
관세음보살님
어디서 보고 계십니까
어디서 듣고 계십니까

정적 그리고 파적破寂

잔잔한 호수에 백로 한 마리
저벅저벅 걷는다

물속에서
똑같은 백로가 수면 향해 걷는다

백로가 비상한다
수면에서도 똑같이 날갯짓한다

일순간 파도가 일렁이자
수면에 날갯짓하던 백로 산산조각 흩어진다

벌새

벌새야.
벌처럼 작은 새야
신神은 너에게
천상의 날개를 주었다
한 자리에 전진, 후퇴, 정지비행 자유롭다
그 자리에서 상하좌우 이동 자유롭다
날갯짓 초당 50회 이상 빠르다
에너지 소모 과다하므로
매일 몸무게만큼 꿀 먹어야 산다
날마다 천 송이 넘게 꽃을 방문해야 하고
에너지 소모 줄이기 위해서
잠자는 동안에 스스로 가사 상태에 빠져야 한다
너는 이 세상에서
가장 맛있는 꿀과 꽃가루 먹되,
가장 고달프게 살아갈 유형流刑 받은 벌새야

안드로메다은하

오, 안드로메다
넌 에티오피아의 공주
콧대 높은 왕가의 딸이었지
제우스의 아들 페르세우스의 아내
죽은 후 아름다운 은하의 여왕 되었지
지구에서 우리가 맨눈으로 볼 수 있는
유일한 외계 은하, 안드로메다
250만 광년 떨어진 머나먼 은하
그러나 지구와 가장 가까운 은하
우리 은하보다 두 배 이상 큰 은하
우주는 초속 90만 킬로 속도로 계속 팽창한다
반면 우리 은하가 안드로메다와 초속 110킬로 속도로
계속 가까워져 37억 년 후에는 합쳐질 운명
그 결과 대충돌 일으키고 초거대 은하로
재탄생할 운명
오, 안드로메다 날마다 시시각각 지구와 더욱
가까워지고 있다
우리 은하 가슴팍 태양계 내 지구 행성에서의

사랑은 너무 열렬하였고 그 사랑 지금도
여전히 뜨겁게 살아 있으니까

바우어새

깊은 숲에서
설치미술 작업이 한창
예술가는 감청색 열매 가져와 고민 중
이곳에 놓아야 할까
저곳에 놓아야 할끼
조개껍데기, 꽃송이 이리저리 배치한다
해가 중천에 뜨도록 고치고 또 고친다
드디어 오페라하우스처럼 멋진 작품 완성되어
구경꾼을 부른다
바우어새 암컷 한 마리가 날아와
요리조리 고개를 갸우뚱거리며 살피면서
점수를 매기더니 신통치 않다는 듯
푸르륵 날아가 버린다
실망한 예술가 조형물 앞 소품 위치 바꾸고
파란 숟가락, 빨간 젓가락 물고 와 대문 옆에 세운다
이 정도면 흡족하겠지
총각이 목청 높여 한 곡조 뽑아 올리자
암컷 바우어새가 나타났다

신방을 꼼꼼히 살피더니 맘에 들었는지
깃털 곱게 다듬고 신방으로 들어간다

코로나 사회

대낮 길거리 유령들 돌아다닌다
광대뼈 아래쪽 얼굴이 없고 눈빛만 반짝
직장에도 반쪽 잘린 얼굴들
TV 화면에도 유령들
지구촌 어딜 가도 유령들이 활보한다
유령들 말없이 서로 경계의 눈빛을 반짝이며
가까이 다가서길 꺼린다
정육점에서 유령이 소와 돼지 갈가리 난도질 토막 내
손님들 앞에 내놓는다
음식점에서 와작와작 먹어대는 유령 손님들
얼굴 하얀 유령, 검은 유령, 빨간 유령
어디를 가도 눈에 띄는 유령들 역겨워
아, 빨리 집으로 돌아가 쉬어야지
바벨탑보다 더 높은 아파트
엘리베이터에도 유령들이 꽉 차 있다
후다닥 들어와 거울에 비춰보니
아, 나도 한 개체 유령이 되었구나
지구촌 2020년은 유령이 점령했다고 기록하자

고라니 전쟁

요즘 고라니와 전쟁 중이다
텃밭에 심어놓은 어린 고추 새순
여러 차례 댕강댕강 잘라먹어 속상했다
너의 계보는
포유강 우제목 사슴과 고라니속 야행성 초식동물
몇 해 전 도망치다 그물망에 걸려 빌버둥치는
새끼 고라니를 붙잡아 살펴보니
꽃사슴처럼 알록달록 반점 몸에 박혀 있어
혹시 사슴인지 의심했었다
그 반점은 성장하면서 사라져버리지
버둥거리는 녀석이 안쓰러워 그냥
놓아주었다
그 성체 고라니와 인간 종種인 내가 지금
먹이다툼하는 중,
한갓 고라니와 먹이다툼하니 치사하지만
텃밭으로 재침입 예방하기 위해
오늘 고라니 울타리를 살피고 점검한다
지구상 고라니 90% 이상 한반도에 서식한다니
무슨 일인가

창백한 푸른 점

우리 태양계 밖 우주에서 찍은
지구 행성은
창백한 푸른 점 하나
지상 60억 킬로미터 밖에서 보면
창백한 푸른 점 하나
그 보일 듯 말 듯 가물거리는
콩알만큼 작은 지구 행성 위에 사는
인간이란
우주에서 수백만 배율 전자 현미경 들이대고
확대해야 겨우 찾을 수 있는 생명체 아닌가
그 생명체에게 인생이 있고
희로애락이 있고 생로병사가 있다니
왠지 슬프지 아니한가
해왕성 밖 외계 우주에서 본 지구는
창백한 푸른 점 하나
그 속에 인간이라는 존재는 과연 무엇인가

조르다노 부르노

1600년 2월 17일 로마에서
군중들 앞 공개적 화형이 집행되었다
무한 우주론과 지동설의 신봉자였던 그는
밤하늘에 별들은 다 항성이며
우리 태양도 그 가운데 하나라고 주창했다
교황청은 이를 신성 모독이라고 단정했다
철학자, 수학자. 시인. 우주론자였던 그는
삼위일체와 그리스도의 신성을
부정했다는 이유로 체포되어
8년 동안 감금과 재판받으면서도 그는 끝내
자신의 주장을 굽히지 않았다
로마교황청은 그에게 사형 판결 내리고
공개 화형에 처해 불태워졌다
아! 부르노
진리에 대한 신념과 사상을 지키기 위해
끝내 목숨을 바친 시대의 개척자
조르다노 부르노 최후 진술
'사형을 선고받은 나보다 선고한 저들이
더 두려움에 떨게 되리라'

대보름날

내 어린 시절 겨울철이면
무명 바지에 나일론 양말
발이 시리다, 손이 시리다
그까짓 것 대수냐 방패연을 날려라
가오리연을 날려라
누가 더 높이 높이 날리나 내기해 보자
연줄에 밥풀 칠하고 사금파리 가루를 바르자
땡칠이 연줄에 갑돌이 연줄을 걸어라
뚝 끊긴 연줄, 깔딱깔딱 손짓하며
사라지는 연을 바라보는 땡칠이 가슴이 무너진다
정월 대보름날 잠을 자면 눈썹이 하얗게 변한다
대보름엔 호두, 밤, 땅콩을 먹으며 부럼 깨야지
오곡밥을 먹어야지, 아홉 가지 나물 먹어야지
무병장수하라고 생무를 깎아 먹는다
사립 앞 문신門神에게 밥과 나물을 바친다
보름날 아침 등교할 때 등 뒤에서
갑돌아, 불러서 대답하면
잽싸게 내 더위를 팔아야지
정월 대보름 달 속에 둥실 떠오르는 그 추억

엉덩이춤

모임 때 친구가 돌배기 손녀
데리고 왔다
차분한 식사를 위해 아이패드 켜주자
음악이 흘러나오고
아이가 엉덩이 흔들며 춤을 춘다
실룩 실룩거리며 춤을 춘다
수십만 년 전, 수천 년 전
우리 인류 조상들이 기우제 지내며,
풍년제 지내며 추었던 그 춤
시집 장가갈 때 추었던 그 춤
전승된 춤사위가 선조들 핏속에 스며들어
면면히 이어져 내려와
오늘 흥겨운 음악을 만났으니
그 유전자들 어찌 몸속에 얌전히 있으랴
유전자의 율동 온몸을 돌고 돌아 흔들흔들
흥겹게 춤춘다
돌배기 예쁜 아이가 앙증맞게
엉덩이 돌리며 춤을 춘다

억울한가

검진 결과 이상 소견 발견
내가 왜?
친구들, 내 나이 또래 사람들
건강하게 잘 사는데
나만 왜? 고통받아야 하는가
순간 억울하다는 생각이 엄습한다
하지만 냉정히 따져보면 사람마다
매일 3,000 ~ 5,000개 암세포가 생기지만
면역세포에 의해 사멸한다
반세기 전 일흔 살까지 산 사람 많지 않았다
억울할 게 없다는 생각이 들기도 한다
백 살 넘게 산다고 해도
더 살고 싶은 게 사람 욕망 아니겠는가
내가 더 늙어서 병고와 외로움에 시달리며
생명 연장한들 무슨 의미 더 있겠는가
과욕을 버리고 이 상황 편하게 받아들이자
하늘 뜻에 맡기고 살아가야지
고개 들어 파란 하늘 쳐다보니 뜬구름 흘러간다

제왕나비

멕시코 엘 로사리오 지방 사람들에게
제왕나비는 선조들의 영혼이다
그 영혼이 매년 늦가을이면
고향을 찾아오지
수백만 마리가 날아오지
긴 여정 동안 4대에 걸쳐
5,000킬로 비행한 끝에 도착한다
그 먼 길을 어떻게 찾아올까?
갓 우화羽化한 어린 나비는 어떻게
그 먼 길의 여로를 정확히 알아서 비행할까
날다가 길 위에서 죽음 맞이하고
다음 세대가 또 길 위에서 죽음 맞이하고
첫 주자 증손이 목적지 도착한 뒤
멕시코에서 한 겨울철 보내며 알을 낳고
그 후손이 봄이면 또 머나먼 북쪽으로 이동하는
길고 머나먼 길 위의 여정
그 길잡이 정체는 과연 어디에 존재하는가

복제 인간

나는 복제품이다
내 부모의 모습 비슷하게 복사한
지금 내가 보고 있는 장미꽃도
복제품이다
강아지도 복제품이다
고양이도 복제품이다
복제 작업 시행하는 자 누구인가
보이지 않는 손의 정체는 무엇일까
하늘의 손이 시행하는지도 모른다
외계 우주인 복제 기술자인지도 모른다
하지만 완벽한 복제 꿈은 늘 실패로 결말난다
복제품의 머릿속엔 언제나 창조와
새로움을 추구하는 반역 모의가 가득하므로
완전 복제는 사실 불가능한 영역
그러나 종種의 근본 유전자는 전수되므로
큰 실패작이라고 할 수 없다
복제 연속성 끊어지는 날
너의 모습은 지상에서 영원히 사라지고 만다

침묵하는 슬픔

땀 뻘뻘 흘리는 삼복더위 속
개장수가 마을에 나타났다
그런 날 개들 유난히 컹컹 짖거나
힐끔힐끔 사람 눈치를 보며 슬슬 도망갔다
도살장이 보이는 중학교 시절
소가 끌려가면서 눈물 뚝뚝 흘리는 걸 보았다는
아이들 많았다.
아프리카 사바나 코끼리는
여러 해 전 동행하다 숨진 코끼리 유골 앞에서
한참 동안 묵념하고 무거운 발걸음 돌린다
돌고래가 숨 끊어진 새끼를 살려보려고
보름 동안이나 데리고 유영시킨다
세렝게티에서 물소가 사자 공격받아 죽자
동료 물소들이 나무로 도망간 사자를 끝까지 응징한다
태국 사원 원숭이가 사고로 죽자
친구 원숭이들이 3일 동안이나 찾아와 조문한다
희로애락은 인간들만의 전유물일까?
아니다, 아니다
말하지 못하는 그들에게도 무언가 있다

야옹이

겨울 해 뉘엿뉘엿 저물녘
야산 등산로에서 누굴 기다린다
검은 고양이 한 마리 쭈그리고 앉아서
누굴 기다린다
너의 등을 쓰다듬어주던 여인
너에게 맛있는 먹이를 갖다주던 여인
그 여인을 기다리는구나
매혹적인 에메랄드 눈동자에
그리움의 그림자 드리운다
너 정말 누굴 기다리니 묻자
야옹,
오늘은 만나지 못했구나
야옹,
오늘은 그냥 야산으로 돌아가라
가엾은 길고양이야
야옹,
넌 야옹 밖에 모르는구나
야옹,

노을 앞에서

인생이란,
풀각시 꿈으로 자라
때로는 못 잊을 그리움으로
밤 지새우기도 하지
비탄의 강가에서 눈물 흘리기도 하지
의기양양한 야망도 있었지
가슴 벅찬 환희의 날도 있었지

그러나 모나고 거친 암석은 깎이고
꿈꾸던 별들은 창공에서 하나, 둘 떨어져
작은 운석이 되어 스러진다

풋풋한 사랑의 날들도 있었지
폭풍우 치는 밤의 고독도 있었지
주체 못 할 열정으로 방황하던 시절도 있었지
죽음의 잔을 앞에 둔 절망의 날도 있었지
그러나 슬픔도 기쁨도 순간의 꿈
모두 다 지상의 무대에서 사라져간다

인생이라는 시장에선

돈으로 결산하지 못하고
권력으로 차지하지 못하고
오직 행동으로 빛날 수 있는 것

인생이라는 시장에서는
거지가 부자 되고
부자가 거지 되고
그래서 인생은 더욱 살맛 난다

탕아에겐 탕아의 인생이 아름답고
수녀에겐 수녀의 인생이 아름답고
인생이란 누구에게나 아름다울 수 있는 것

누가 젊음이 시들어간다. 한탄하는가
꽃 피는 저녁놀의 장엄함을 보라

누가 너를 묶었느냐

혜가慧可는 그 스승 달마에게
'요즘 제 마음이 몹시 편치 않습니다'
달마대사는 '편치 못한 그 마음을 가져오너라
그러면 마음 편하게 만들어 주겠다'
혜가는 그 말에 문득 깨달았다

설법 중인 혜가 앞에 문둥이 승찬이 몸을 던지며
'난 무슨 죄를 지었기에 이런 고통을 받아야 합니까?'
혜가는 승찬에게 '그 죄를 찾아 가져오너라,
그 죄를 없애주겠다' 승찬은 그 말에
깨달았다

열네 살인 도신道信은 늘 진리에 목말라 하던 중
82세인 승찬을 찾아가 '어떻게 하면 해탈할 수 있습니까?' 물었다
승찬은 도신에게 '지금 누가 너를 묶었느냐?'
도신은 그 말에 탁 깨달음 얻었다

갈대가 전한 말

쌀쌀한 초겨울 갈대밭 지나며
산책길에서 하늘 쳐다본다
새파란 하늘 창천, 창천
끝없이 파란 하늘 우러러본다
엊그제 세상 떠난 친구야.
지금 어디에 있는가
산책길에서 갈대가 속삭인다
다 소용없는 것을
다 부질없는 것을 넌,
무슨 욕망 남아 있어서 고뇌하는가
명예가 몇 년을 가겠는가
돈인들 몇 푼어치 되겠는가
버려라, 근심 걱정 다 버려라
걸릴 것 없이 저 푸른 하늘처럼
훠이훠이 거침없이 살다 가라
길섶의 갈대가 표표히 날리면서
너는 자유다, 너의 길 가라 등 두드린다

천수천안관세음 千手天眼觀世音

관세음보살님, 어디 계십니까
천 개의 손과 천 개의 눈을 지닌
관세음보살님은
어디서 보고 계십니까
어디서 듣고 계십니까
세상은 갈수록 각박해지고
마음 가난한 사람 날로 늘어나고
사막에서 길 잃고 헤매고 있는데
천 개의 자비로운 눈으로 보살피시고
천 개의 자비로운 손으로
인간 세상을 어루만지신다는
천수천안관세음 보살님 저 하늘 어디에
이 땅 어디에 계신가요
천 개의 귀로 세상의 소원 다 듣고
계신다는 보살님은
지금 어디에 계신가요
콘크리트 도시에 갇혀 살며
점점 기계의 한개 부품이 되어가는 현대인
우리 인간들에게 자비와 구원의 손길 펼쳐
살피소서, 천수천안관세음 보살님

해설

시의 근원을 찾아서 가는 힘든 여정
―임봉주 제8 시집에 부침

이승하(시인, 중앙대 교수)

시의 역사를 헤아려본다. 고구려 2대 왕 유리왕이 쓴 「황조가」를 기점으로 삼는다면 유리왕 3년, 즉 기원전 17년부터 시작되었다. 그러니까 이 땅에 시의 역사가 전개된 지가 어언 2000년이 넘은 것이다. 그간 고대가요, 향가, 고려가요, 시절가조(시조창), 경기체가, 무가, 민요 등 시의 모습이 다양하게 바뀌면서 전개되었지만 시의 역사가 중단된 적은 없었다. 일본의 도쿄와 교토, 중국의 베이징과 상하이, 연길시에 갔을 때 꼭 서점에 들러 시집 코너에 가보았는데 일본과 중국에서도 시집이 나오고는 있었지만 서점 한 귀퉁이에 초라하게 십여 권이 꽂혀 있을 따름이었다. 유럽에서는 시집 코너 자체가 따로 마련되어 있지 않았다.

전 세계에서 시인과 문예지 수가 이렇게 많은 나라는 대한민국이 유일하다. 왜일까? 도대체 어떻게 된 현상일까? 우리 민족은 유독 노래와 이야기를 좋아했다. 민담, 전설, 설화 같은 것이 우리나라만큼 많은 나라가 또 있을까. 고전소설과 가전체소설도 엄청나게 많다. 노동요, 부요 등 민요도 고을마다 있었다.

진나라의 진수가 쓴 『삼국지』의 「위지 동이전」편을 보면 고구려에 대해 "노래와 춤을 좋아하며 밤이 이슥해지면 남녀가 무리 지어 서로 노래하며 유희를 즐긴다."고 했고 부여에 대해 "정월에 지내는 제천행사 때 사람들이 대거 모여 날마다 마시고 먹고 노래하고 춤추는데 그 이름을 영고라 하였다."고 했다. 마한은 "해마다 5월이면 씨뿌리기를 마치고 하늘에 제사를 지내는데 무리 지어, 모여 밤낮 쉬지 않고 노래하고 춤추고 술을 마신다. 추수가 끝난 후에도 그렇게 한다."고 적혀 있다. 한마디로 말해 중국인의 눈에 비친 우리 동이족은 요컨대 음주와 가무를 즐기는 민족이었다.

임봉주 시인의 시집 해설을 쓰면서 시의 근원에 관한 이야기를 이렇게 길게 하는 이유가 있다. 그는 1988년에 법원사무관에 임관해 1995년에 퇴직했다. 4년 뒤인 1999년에 법무사 개업을 해 20년 동안 재직했다. 2004년부터 2007년까지 인천지방법원 민사·가사 조정위원도 겸해서 했다. 1988년부터 코로나 사태 전해인 2019년까지 그의 30년 생애에 시가 깃들 자리는 없었다. 죄와 벌, 법과 불법, 유죄와 무죄의 틈바구니에서 시 쓰기가 쉽지 않았다. 하지만 시에 대한 열정은 마음속에서 샘물처럼 퐁퐁 솟구쳐 오르는 것을 막을 수 없었다. 법무사로 전직하는 동안 생업의 공백기가 있었는데 그때는 특히 시에 완전히 들려 있었다. 그때 쓴 시로 1998년에 이름 없는 출판사에서 첫 시집을 냈다. 2005년에 정식으로 등단한 이후 지금까지 총 7권의 시집을 냈으며 이제 8권째 시집을 준비하고 있다.

법을 따지는 직각형 인간인 임봉주에게 펜을 들게 한 원동력은 도대체 무엇이었을까? 하나는 고향의 산과 들판, 또 하나는 인천 앞바다가 아니었을까? 시인의 탄생지는 전남 해남군 현산면 고현리, 해남 땅끝 가는 길목에 있는 마을이다. 그리고 1983년에 인천에 와서 지금까지 40년 넘게 살고 있다. 1998년에 인천 내항문학회에 가입해 2008년부터 2년 동안 회장을 했었다. 더 큰 물에서 헤엄치기 위해 2011년에 인천문인협회 회원이 되었고 이사를 거쳐 올해 3월에 회장이 되었다. 법조계라는 살벌한 동네에서 시인이 배출된 경우는 건국 이래 거의 없었는데 임봉주 시인이 고정관념을 깨고 시인이 되었다. 지금부터 그의 시를 보기로 하자.

본인의 일상사가 오직 시 쓰기에 집중되어 있음을 천명한 시가 있다. 현직에서 물러난 지금, 인천문인협회라는 비영리 문인 단체의 회장 외에는 나가서 하는 일이 없기에 오직 시 쓰기에 몰두한다.

> 나는 언어의 집에 산다
> 백토 위 검은 벽돌로 지은 작은 공간
> 별처럼 반짝이는 언어 깎고 배치해
> 상징을 만드는 서툰 건축가
> 아침 눈뜨면 집이 잘 지어졌나
> 더듬어 본다. 아침 식사 후
> 다시 언어를 하나씩 골라내어
> 집 짓기 작업 시작
> 간단한 점심 찍은 후 바람 쐴 겸 해서
> 한 시간여 산책길에 나선다
> —「언어의 집」 전반부

언어의 집은 시 창작의 세계다. 아침에 눈을 뜨면 집이 잘 지어졌나 살펴본다고 하는데 전날 쓴 시가 다음 날 아침에 보아 크게 고칠 게 없으면 잘 지은 것이고 고칠 게 많으면 허물고 새로 지어야 한다. 집 짓기 작업을 하다 보면 금방 點心 때다. 간단히 점을 '찍은' 후 바람 쐴 겸 해서 한 시간여 산책길에 나선다. 그런 뒤에 집으로 돌아온다.

> 돌아오면 곧바로
> 다시 언어의 쓰임새 골라 집짓기 작업 몰두
> 한참 집을 짓다 돌아보면

> 나는 이미 언어의 집 속에 갇혀 있다
> 완벽함 향해 허물고 깨부수고 또 고치게 된다
> 언어의 집에는 가끔 외로움이 엿보지만
> 그건 내가 스스로 선택한 산고(産苦)와 출산 기쁨
> 가끔 창문 너머 파란 하늘이 보이고
> 구름이 흘러가고
> 언뜻언뜻 나뭇가지 흔들린다
> ―「언어의 집」 후반부

 산책하고 와서 "다시 언어의 쓰임새 골라 집짓기 작업"에 몰두하니 하루의 일과 자체가 시와 연동되어 있다. "내가 스스로 선택한 산고와 출산 기쁨"을 느끼면 시가 1편 완성된 것이다. 출산을 무사히 한 기쁜 마음으로 고개를 들면 창문 너머 파란 하늘이 보이고 구름이 흘러가고 언뜻언뜻 나뭇가지 흔들리는 것이 보인다. 이런 득의의 시간이 찾아오기까지 그는 병 아닌 병을 끙끙 앓았다.

> 문학, 그 병에 빠지면
> 치유하기 어려운 고질병이 십중팔구
> 평생 앓으며 죽을 때까지
> 가슴에 안고 산다
> 글을 잘 쓰고, 부족하고 문제 아니다
> 문학인은 다 동병상련
> 같은 길 가는 도반

이승에서 생生이 끝난 그들 가는 길
　　밤하늘 별이 되어 반짝이거나
　　역마살 낀 바람의 혼魂으로 떠돌거나
　　　　　　　　　　　　　—「문학병」 부분

　아마도 청소년 시절에 이 몹쓸 병에 걸리고 만 것이리라. 꽃과 풀을 봐도 이상하게 가슴이 설레고 별과 달을 봐도 가슴이 찌르르 아팠는데 소월과 청마의 시를 접하니 그 설렘과 아픔이 희한하게도 치유되는 것이었다. 그런데 삶의 여정은 그에게 시를 쓸 시간과 공간을 허락하지 않았다. 먹고 사는 문제를 시가 해결해줄 수 없었기에 소월은 자살을 했고 청마는 학교 교장을 했던 것이다. 하지만 막연했던 갈망이 시집을 급하게 한 권 내고 나니 조금은 해소되는 것이었다. 뒤늦게 등단을 하면서 조금 더 성취되자 마침내 시의 근원을 찾는 작업에 뛰어들게 된다. 그는 도대체 왜 시를 쓰려고 한 것일까.

　　내 가슴까지 붉게 물들이며
　　뚝, 뚝 떨어지는 동백꽃을 보지 못했다면

　　하얗게 눈 덮인 운동장에 나가
　　소녀의 이름 눈밭에 살며시 써 보던
　　애틋한 그리움의 시절 없었다면

그해 폭발음과 함께 날아가 버린
날개 한쪽 그 아픔과 절망이 없었다면
나의 시는 태어나지 않았으리

청춘 시절 내내 따라다니던
삶과 죽음에 대해 고뇌하게 한
허무, 그 심연에 빠져 헤매지 않았다면

교정에 타오르던 샐비어 불꽃처럼
나도 하루하루 뜨겁게 불태우고 가리라
가슴에 새기지 않았다면

시는 그리움의 꽃
달, 달 휘날리던 미루나무 잎새에 띄워 보낸
내 그리움의 날들 없었다면
마음밭에서 시가 싹 트지 못했으리
―「시의 근원」 전문

"그해 폭발음과 함께 날아가 버린/ 날개 한쪽"이 무슨 뜻인지 시인에게 연락해 물어보았다. 열네 살 때 사제 총기 폭약과 총알을 담은 통이 폭발해 왼손 손가락이 3개 달아나는 큰 사고를 당한 것이었다. 이 사고는 손보다 영혼에 더욱 큰 흉터를 남겼다. "청춘 시절 내내 따라다니던/ 삶과 죽음에 대해 고뇌하게 한/ 허무"는 그렇게 시작되었다. 그때의 아픔과 절망이 임봉주로 하여금 삼라만상의 신비에 대해 골똘히 생각하게 하는 데서 그치지 않고 감정의 파고를 글로 쓰게 했던 것이리라. 허무의 심연에 빠져 허우적대기도 했었고 교정의 샐비어꽃처럼 감정이 활활 타오르기도 했었다. "시는 그리움의 꽃"이라고 하였다. 그 숱한 그리움의 날들이 없었다면 "마음밭에서 시가 싹트지 못했"을 것이라고 한다. 오랫동안 생활전선에서 고전하면서도 펜을 들곤 하였고, 앞서 언급했듯이 지금은 생활의 중심축이 시 쓰기이다.

이번 시집에도 꽃을 묘사한 시가 여러 편 보이는데 그 꽃들은 그저 아름답거나 향기롭거나 한 것이 아니다.

> 당신의 불같은 사랑의 업보로
> 플로라의 저주로 한 송이 꽃이 되어버린
> 꿩의바람꽃
> 그 가엾은 바람꽃 분신이
> 여기 풍도라는 섬 야산 기슭 바람골에서
>
> 아직 싸늘하게 매운 바닷바람 맞으며
> 떨고 있어요
> 애련한 꿩의바람꽃
> ―「풍도 꿩의바람꽃」 후반부

야생화인 꿩의바람꽃은 미나리아재비과에 속하는

관속식물이다. 어디서나 흔히 볼 수 없는 꽃이지만 풍도(경기도 안산 소재의 섬)라는 섬의 야산 기슭에서 보니 매운 바닷바람과 싸우고 있는 것이었다. 목숨을 부지하기 위해 파르르 떨면서 용케 자기 자리를 지키는 꿩의바람꽃을 보고 생명의 끈질긴 투쟁 정신을 보았다. 식물들도 나름대로 살아가기 위해 전략을 세우고 있거늘.

> 실새삼은 감고 올라갈 식물의 정체를
> 파악해 팔 뻗는다
> 포도나무는 덩굴손 내밀 때
> 붙잡을 대상과 거리 분석하면서 슬며시
> 예민하게 손 내민다
> 어떤 식물은 향기에 민감하여 고개 돌린다
> 남아프리카 초본식물 세라토카리움은 씨앗을
> 영양 배설물 크기와 모양 똑같이 만들어
> 냄새까지 똑같이 만들어
> 씨앗 운반자 쇠똥구리를 속여
> 씨앗을 땅속에 묻게 해 번식 꾀한다
> 야생 식물은 장구한 세월 동안
> 독특한 자기만의 생존 방식을 개발해 왔다
> 말 없는 식물들도
> 맑은 날씨는 기쁨과 즐거움으로 맞이하고
> 폭풍우 치는 밤 두려움에 떨며 지새고
> 음악을 들려주면 좋아서 흔들흔들 춤춘다

—「식물의 전략」 전문

  우리는 세상의 모든 식물이 제 나름대로 씨가 날려 와서 자라거나 사람이 심어주어 자란다고 생각하지만 그렇지 않다는 것이다. 식물들 나름대로 살아남기 위해 생존전략을 짜고 자연재해의 위협에 저항한다. 약육강식과 적자생존이 동물에게만 적용되는 법칙이 아님을 이 시는 알려준다. 그런데 동물 중 지구를 지배했던 종들이 있었다. 경기도 화성의 뿔 공룡 화석인 코리아케라톱스화성엔시스는 지진이나 화산 폭발 같은 천재지변을 만나 멸종하였다. 시인이 그 공룡 화석을 보고 감탄한 것이 "지진, 화산 폭발 암석과 함께 굳어진 후/ 인고의 긴 세월 지나며" "다시 또 유랑하다가/ 화성시 전곡항 방파제에 누워 재탄생 꿈꾸던 너"라는 시행에 잘 나타나 있다. '인내' 혹은 '인고'는 시인의 필생의 화두였다. 참고 견디었기에 케라톱스 화석이 나와 만나는 날이 온 것이다. 그 시도 오래오래 인내했기에 탄생한 것이고 꿩의바람꽃도 마찬가지다.

  시인의 나이가 어느덧 일흔이 가까워지자 죽음을 의식하지 않을 수 없다. 죽음은 끝인가 완성인가.

    인연 따라 맺어진 모든 것 버리고
    태어나고 죽음 없는 세상 우주로 돌아가는 의식
    아무도 모르는 아주 간소한 풍장
    그러나 나에게는 거룩한 풍장

바람이 빼앗아 간다

육신의 피

햇빛이 분해해 간다

육신의 뼈

그리고 남긴 것

아, 아무것도 없는 파란 허공

―「풍장」 후반부

　이 시만 보면 시인에게 죽음이란 모든 생명체의 끝이고, 고로 허무하다는 생각에 사로잡혀 있는 것 같다. 육신은 자연으로 돌아가 사라질 뿐이고, 아무것도 없는 파란 허공만 남을 뿐이라는 허무감이 엄습한다. 그런데 풍장의 허무는 누에고치를 생각하면서 완전히 바뀐다. "누에가 혼신渾身의 힘 다해 만든/ 눈부시게 새하얀 고치"를 "끓는 물에 넣은 뒤 물레를 돌려/ 은빛 실 뽑아내 비단을 짜서 인류 문명사에/ 기념비적인 의류 혁명을 일으켰"으니 이것이야말로 살신성인이다.

얼마나 고마웠으면

하늘이 내린 천혜의 벌레라는 뜻

누에잠蠶이라는 문자 만들었을까

나도 그 누에처럼 혼신의 열정 다 바쳐

시詩의 정수 뽑아내 은은하게

빛 발하는 작품집 하나 완성해 놓은 뒤

이 세상 뜨면 내 생애生涯 여한이 없겠다
　　　　　　　　　—「누에고치 되기」 종반부

　잠이라는 한자가 하늘 천 밑에 벌레 충이다. 하늘이 내린 천혜의 벌레는 옷을 만드는 재료인 하얀 고치를 만들고 그 고치 속에서 번데기로 탈바꿈한다. 자연의 이법이지만 사실 기적이 아닌가. 누에고치가 인류 문명사에 기념비적인 의류 혁명을 일으킨 것처럼 나는 시인이 되었으니 우리 문학사에 기념비적인 문학 혁명을 일으키고 싶은 생각이 바로 '누에고치 되기'라는 제목에 들어 있다. "빛 발하는 작품집 하나 완성해 놓은 뒤/ 이 세상 뜨면 내 생애 여한이 없겠다"고 했는데 그만큼 임봉주의 시에 대한 열정은 뜨겁다. 그의 시는 이처럼 형이상학을 추구할 때도 있지만 현실정치를 비판할 때도 있다.

　　이제는 민주주의가 정착된 줄 알았다
　　그러나 잠시 허공에 핀 꽃
　　신흥 권력은 다시 무소불위 칼 휘두르고
　　백성은 무지렁이 취급받는다
　　짐이 곧 국가이고
　　짐의 말이 곧 법인 세상으로 회귀하는가
　　주요국 자살률 1위, 저출산율 1위, 노인 빈곤층 1위
　　권력자는 지록위마 타령이고
　　아부꾼들은 지당하신 말씀 연발하고
　　길 잃은 나라는 어디로 가고 있는가

밤안개가 어슬렁어슬렁 거리를 헤매고 있다
  ─「지록위마」 부분

북쪽에서는 곧 한미연합군이 쳐들어온다
결사옹위 패를 던지면 인민들은 꼼짝 못한다
남쪽에서는 북한군이 남침할 것이다
경제 위기 때 내밀면 국민이
꼼짝 못 한다
남과 북 양쪽 다 꽃놀이패를 가지고 있으니
권력의 단물 빨아먹은 자들은
그 좋은 패를 손안에 쥐고 흔들며 철옹성 쌓는다
  ─「꽃놀이패」 부분

 시인들이 대체로 정치적인 견해는 잘 밝히지 않는 경향이 있다. 민중문학의 시대가 갔으므로 지금은 현실을 비판하거나 풍자하거나 간에 구습을 답습하는 것으로 치부해 폄훼하는 경향이 있다. 그러나 임봉주 시인은 보수와 진보, 여와 야로 나누어 서로 헐뜯는 진영논리를 배격한다. 정치판에서는 한쪽이 정의, 한쪽이 불의가 아니기 때문이다. 與도 野도 비판을 받을 때는 받고 참회를 할 때는 해야 한다. 「지록위마」는 윤석열 전 대통령이 대통령이 된 지 얼마 되지 않았을 때 문예지에 발표한 것이다. 대통령으로 국민이 뽑은 이의 작태가 영 아니올시다여서 과감히 시인이 펜을 들었다. 용기가 대단하다. 악의 무리에 대항하는 이들이 모두 정의의 사도들인가 하면 그렇지 않다고 말하는 것도 대단한 용기다. 시인은 이 세상이 선과 악의 구도로만 흘러가지 않는다고 강조한다. 남북문제에 대한 것도 북은 남을 이용하고 남은 북을 이용하는 경우가 많음을 얘기하며 남과 북을 다 비판한다. 한국의 과거를 회상해본다면 정말 눈 가리고 아웅이었다. 남북적십자회담 개최와 유신헌법 반포가 비슷한 시기에 전개된 것만 봐도 알 수 있다. 대통령의 기만술에 온 국민이 놀아났다고 볼 수도 있다. 시인의 투철한 역사의식은 「참회록 앞에서」 「악몽일까?」 등에서도 확연히 드러난다. 꽤 민감한 문제도 터치하고 있으므로 이 정도에서 언급을 마무리 짓기로 한다.

  임봉주의 시들은 이상과 일상을 함께 추구하는 경향이 있고, 대체로 난해하지 않고 바로 이해되는 장점을 갖고 있다. 요즈음 젊음의 탈을 쓰고 횡설수설하는 시가 많이 쏟아지고 있는데 임 시인은 적당히 현실과 타협하는 지점을 찾지 않는다. 그 점은 화형을 당해 죽은 조르다노 부르노를 다룬 시에서도 확인할 수 있다.

> 1600년 2월 17일 로마에서
> 군중들 앞 공개적 화형이 집행되었다
> 무한 우주론과 지동설의 신봉자였던 그는
> 밤하늘에 별들은 다 항성이며
> 우리 태양도 그 가운데 하나라고 주창했다

교황청은 이를 신성 모독이라고 단정했다
철학자, 수학자. 시인. 우주론자였던 그는
삼위일체와 그리스도의 신성을
부정했다는 이유로 체포되어
8년 동안 감금과 재판받으면서도 그는 끝내
자신의 주장을 굽히지 않았다
로마교황청은 그에게 사형 판결 내리고
공개 화형에 처해 불태워졌다
아! 부르노
진리에 대한 신념과 사상을 지키기 위해
끝내 목숨을 바친 시대의 개척자
조르다노 부르노 최후 진술
'사형을 선고받은 나보다 선고한 저들이
더 두려움에 떨게 되리라'

―「조르다노 부르노」 전문

  부르노는 1548년 나폴리 왕국에서 직업군인의 아들로 태어났다. 그리스 고전문학, 논리학, 변증법을 배웠으며 가톨릭의 도미니코회의 수사로 활동했으나 후에 개신교인 칼뱅파로 개종했다. 가톨릭교회로부터 이단 판정을 받을 것을 우려하여 1576년에 나폴리를 떠나 여러 나라를 돌아다니며 지구 자전설을 말하거나 학문을 가르쳤다. 브루노는 라틴어와 희랍어에 능통했고 다방면에 박식했으며 마법이나 점성술에도 관심을 가졌다. 1591년 베네치아 공화국(현재의 이탈

리아의 일부)에서 잡혀 8년 동안 감옥 생활을 했다. 종교재판소의 재판관들은 브루노에게 자신의 모든 천문학 이론을 무조건 철회할 것을 요구했다. 그러나 브루노는 자신의 견해가 신과 창조에 관한 그리스도교의 견해와 양립할 수 있음을 입증하기 위해 노력하되 자신은 철회할 것이 전혀 없다고 신념을 굽히지 않았다. 그래서 로마교황청 이단심문소로부터 유죄를 선고받아 로마에서 공개적으로 화형을 당했다. 1600년 2월 17일이었다. 사형 선고를 받을 때 "선고받는 나보다 선고한 저들이/ 더 두려움에 떨게 되리라"는 발언을 한 것으로 유명하다. 이 인물을 다룬 이유는 분명하다. 나 자신이 그런 심판대에 섰을 때 부르노의 뒤를 따르겠다는 결심을 했기 때문이다. 이번 시집에는 우주적 상상력을 발휘한 시가 여러 편 있다.

    지구에서 우리가 맨눈으로 볼 수 있는

    유일한 외계 은하, 안드로메다

    250만 광년 떨어진 머나먼 은하

    그러나 지구와 가장 가까운 은하

    우리 은하보다 두 배 이상 큰 은하

    우주는 초속 90만 킬로 속도로 계속 팽창한다

    반면 우리 은하가 안드로메다와 초속 110킬로 속도로

    계속 가까워져 37억 년 후에는 합쳐질 운명

    그 결과 대충돌 일으키고 초거대 은하로

재탄생할 운명

오, 안드로메다 날마다 시시각각 지구와 더욱

가까워지고 있다

─「안드로메다은하」 부분

인간이란

우주에서 수백만 배율 전자 현미경 들이대고

확대해야 겨우 찾을 수 있는 생명체 아닌가

그 생명체에게 인생이 있고

희로애락이 있고 생로병사가 있다니

왠지 슬프지 아니한가

해왕성 밖 외계 우주에서 본 지구는

창백한 푸른 점 하나

그 속에 인간이라는 존재는 과연 무엇인가

─「창백한 푸른 점」 부분

  천문학에 대한 시인의 지식이 아주 해박하여 깜짝 놀랐다. 앞의 시는 지구도 태양계도 은하계도 수명이 있다는 것이다. 뒤의 시는 지구라는 혹성이 이 우주에서 얼마나 작으며 인간이란 존재는 또 얼마나 왜소한 가를 얘기하고 있다. 별을 보고 있노라면 허무주의에 빠질 수도 있지만 시인의 불교적 세계관은 그를 허무의 늪에서 건져 올려준다.

  천 개의 귀로 세상의 소원 다 듣고

계신다는 보살님은
지금 어디에 계신가요
콘크리트 도시에 갇혀 살며
점점 기계의 한 부품이 되어가는 현대인
우리 인간들에게 자비와 구원의 손길 펼쳐
살피소서, 천수천안관세음 보살님
       ―「천수천안관세음」부분

누구도 차별 없는 절대의 문
지위, 명예, 재산 한 푼
못 가지고 들어가는

다만 끊어진 목숨 하나 달랑
들고 들어가는
절대 평등의 불이문(不二門)

세상 나올 때 알몸으로 나왔으니
세상 떠날 때 알몸으로 들어가는

그 문 들어서면 다시 돌아온 자가
한 명도 없는
우주 원소로 흩어지는 문
       ―「절대의 불이문」전문

흙에서 왔으니 흙으로 돌아가고 물(양수)에서 왔으

니 물(추깃물)로 돌아가는 것이 생명체의 운명이다. 절대의 불이문으로는 지위도 명예도 재산 한 푼도 갖고 들어갈 수 없다. 혜가와 스승 달마의 문답에서, 혜가와 문둥이 승찬의 문답에서, 도신과 승찬의 문답에서 도를 깨우친 사례를 시인이 왜 얘기하는지 알겠다. 「누가 너를 묶었느냐」. 5,000킬로를 여행하는 제왕나비를 보고 시인은 깨달은 것이 있다. 이 나이에도 절차탁마해야 한다는 것을. 「침묵하는 슬픔」을 보면 시인이 해야 할 일이 있다. 이 세상 모든 생명체에 대해 연민의 정을 품고, 자비심을 갖고, 보시하듯이 시를 쓸 수밖에 없는 것이다. 임봉주 시인의 시적 여정은 도정에 있다. 시의 근원을 찾아서 가는 힘든 여정을 지금까지도 계속하고 있는 것이다.

  내 안에 사는 이여
  깊은 밤이면
  아무도 몰래 깨어나
  무성영화 영사기 돌려놓고
  공포에 몸서리치게도 하고
  애달픈 사랑에 눈물짓게도 하고
  환희의 종달새 되어 날게도 하는 이여
  그대는 누구입니까
  밤마다 소리 없이 찾아와
  내 깊은 잠의 세계 지배하다
  눈뜨면 감쪽같이 사라져 버리는

그대는 진정 누구입니까

　　　—「드라마작가와 나」 전반부

그 작가가 나와 함께 산다고 한다. 하루도 빠짐없이 작품을 쓰지만(대단하다!) 원고료 한 푼 주지 않아도 곁을 떠나지 않는 시나리오 쓰고 연출하는 작가다. 날마다 새 작품 쓰지만(대단하다!) 발표 전에 마음에 안 들어 대부분 지우개로 지운다고 한다. 그런 마음으로 그는 생의 종착역에 당도할 때까지 손에서 펜을 놓지 않을 것이다.

바닷가 언덕에서 길 묻다

초판 인쇄 2025년 11월 20일
초판 발행 2025년 11월 30일

저　　자 임봉주
발 행 인 최한묵
발 행 처 도서출판 미소
등　　록 2013년 1월 24일

주　　소 인천광역시 미추홀구 토금남로 84, 203호
전　　화 032-887-3454
팩　　스 032-887-3455

ISBN 979-11-94663-10-2
값 15,000원

※잘못 만들어진 책은 교환해 드립니다.
※저자와 출판사의 허락없이 책의 전부 또는 일부 내용을 사용할 수 없습니다.

※본 도서는 인천광역시와 (재)인천문화재단의 후원을 받아 2025년 예술창작지원사업(신진/원로지원사업)으로 선정되어 발간되었습니다.